ひきがね

PHOTO 島崎ろでぃー
TEXT ECD

2011.02.23
リビア大使館前
デモ弾圧に抗議
(東京・代官山)

Protest against suppression of demonstrations in front of Libya Embassy, Daikanyama, Tokyo

2011.04.14
宮城県石巻市鮎川
After Tsunami, Ishinomaki, Miyagi

2011.04.14
宮城県気仙沼市
After Tsunami, Kesennuma, Miyagi

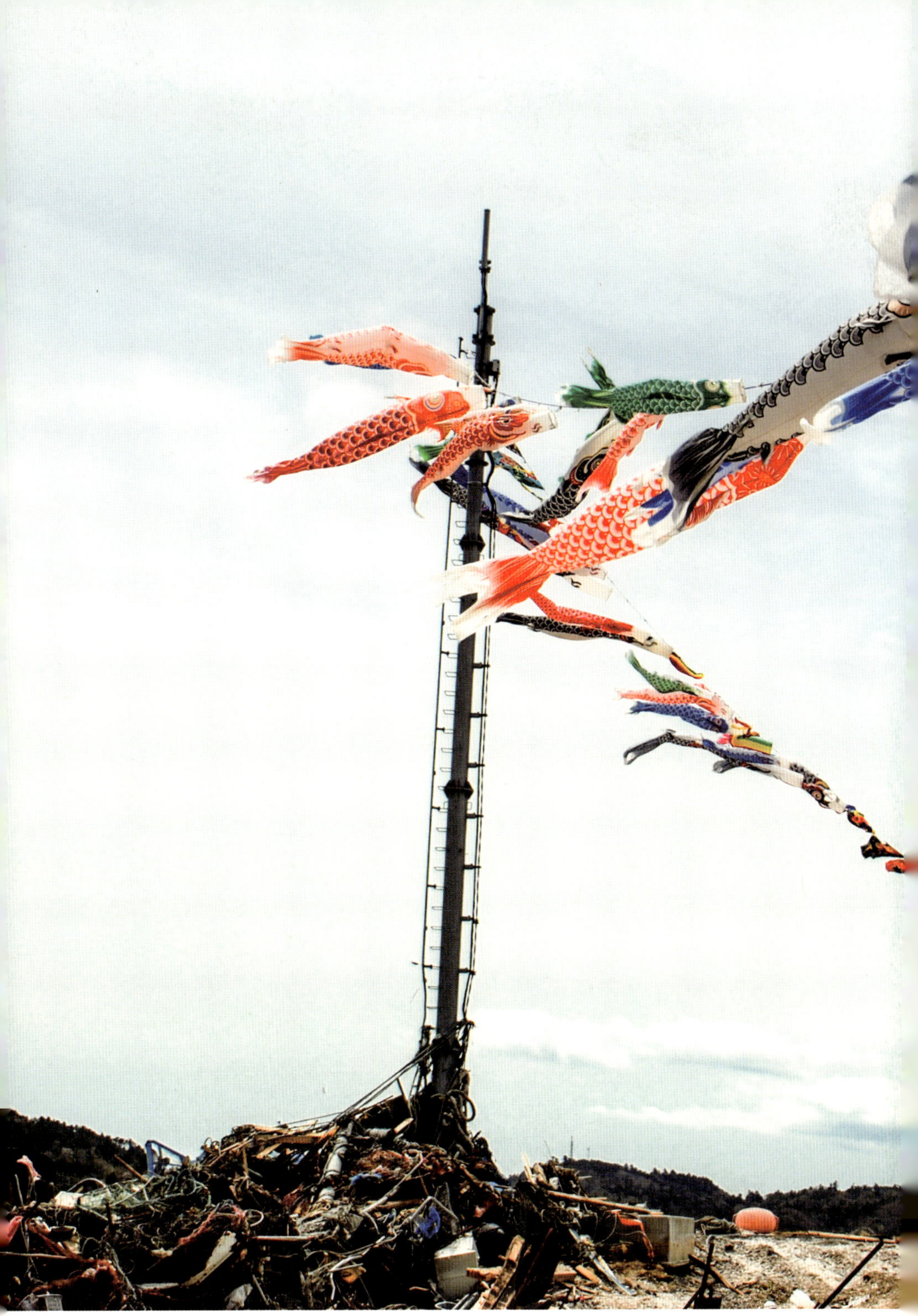

2011.05.02 | 宮城県牡鹿郡 *After Tsunami, Oshika, Miyagi*

EXPIRE
NUCLEAR-FREE ZONE
未来のために原発をなくそう
OF DESTRUCTION

2011.07.24
ツイット・ノー・ニュークス・デモ
(東京・渋谷)

"TwitNoNukes" Demonstration, Shibuya, Tokyo

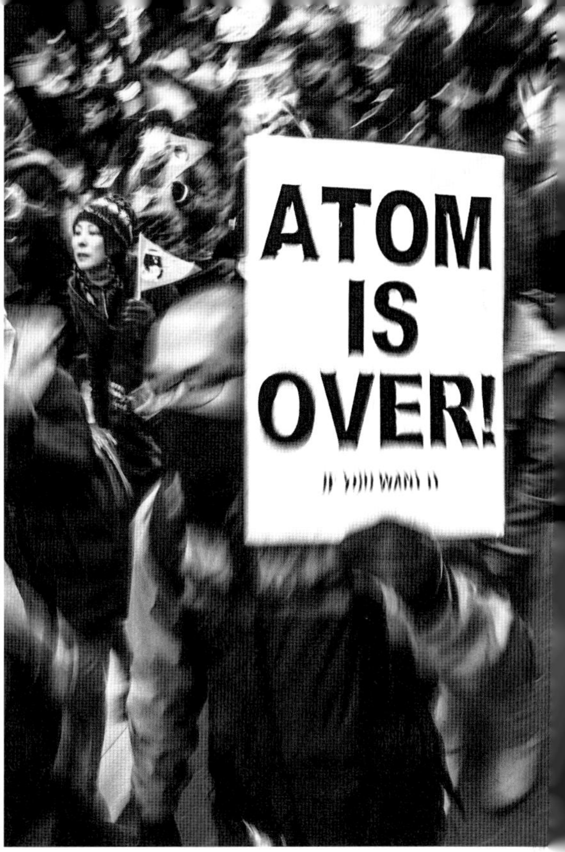

2011.10.26
右から考える脱原発デモ
(東京・銀座)

Demonstration by The Political Right for abandoning nuclear power, Ginza, Tokyo

2011.11.07
パパママぼくの脱原発ウォーク in 武蔵野・三鷹 *"Family Walk for No Nukes in Musashino & Mitaka", Tokyo*

〝あの日の朝〟へと向かう

ＥＣＤ

デモを見てお祭りみたいだと言うひとがいる。お祭りみたいで楽しそうだと賛意を込めて言うひともいれば、騒ぎたいだけだろと揶揄として言うひともいる。僕も祭りは好きだ。子供の時は山車《だし》を引いてお菓子をもらうのがうれしかったという程度だったが大人になってからひょんなきっかけで大人神輿を担ぐことになった時、自分はこれほど祭りが好きだったのかと驚くほどの体験をした。ぶっ倒れる寸前まで体力を使い果たすことが自分自身を何かに捧げているかのような気持ちにさせた。後に何も残らない忘我の境地。それが祭りだとすればデモは祭りには似ていないと思う。

では、デモに似ているものが祭りの他に何があるだろうか？　自分が実際にデモに参加している時に「これはあの時に似ている」と思ったことが一度だけあった。

２０１２年７月６日、前の週の金曜日には20万人が集まった大飯原発再稼働に反対する抗議行動にこの日も多くのひとが集まっていた。この日、仕事のために少し遅れて現地に向かった僕はとりあえず列の最後尾を目指して歩いた。官邸前から伸びた抗議者の列は国会正門から更に桜田門方面にまで伸びていた。官邸前の抗議は街頭のデモと違って行進するわけではない。列に加わったらそこにとどまってプラカードを掲げるなり声を上げるなりすればよい。しかし、集まった抗議者たちはそこにとどまることなくゆっくりとだが前進してゆくのだった。やはりせっかく来たのだから官邸を見たいという心理が働くのだろうか。この前へ進もうとする力が前の週の官邸前の車道を抗議者であふれさせることになったのだろうと僕はこの時理解した。その同じ方向に進む群れの中にいて思い出したのが、その2年前、２０１１年3月11日の東日本大震災の夜、東京で我が家に向かって歩く帰宅難民の群れだった。

僕の仕事は劇場の舞台機構の安全管理である。都心にある劇場に常駐勤務している。この日も出勤だった。地震発生時、舞台では翌日の公演の稽古が進行していたが地震の発生により中止になった。しかし、地震のため機構の一部に不具合が出たため、社長と僕はその応急処置のため劇場にとどまった。高所で発生した不具合のため余震のたびに作業を中断しなければならず作業には時間がかかった。電話はおろかメールもつながらず、当時まだ生後9カ月の次女、２歳の長女、そして妻の無事が確認できない中での作業だった。

やっと作業が終了した時にはもう午後8時を過ぎていた。電話とメールもやはりつながらず急いで最寄りの駅に向かったものの地下鉄は動いていなかった。劇場のある半蔵門から自宅までは新宿通りから甲州街道と一本道であることは把握していた。僕は迷わず新宿通りの歩道を歩き始めた。自分と同じような帰宅難民で歩道は一杯だった。皆同じ方向にゾロゾロと歩いていく。逆行する者はいない。だから前を歩くひとの後ろ頭しか見えずそれぞれの表情もわからない。ただ無言であることは確かだった。そして表情はわからなくても、家に向かって急ぐ気持ちが自分と同じであろうことは疑いようがなかった。交差点で赤信号に行く手を阻まれると大きな滞留が生まれ赤信号を無視して渡

2012.01.29
ツイット・ノー・ニュークス・デモ（東京・渋谷）
"TwitNoNukes" Demonstration, Shibuya, Tokyo

STOP SAISHORI!
JOIN HANDS!
NO
Nukes
MORE
Love

ろうとするひともいた。営業している飲食店もあったが立ち寄ろうとする者もいない。路線バスは運行していて何台かが追い越していくのを見送ったがどれも乗客でぎっしりで停留所で待っても乗れるとは思えなかった。

四ツ谷を過ぎ新宿を抜けても歩道を歩くひとの群れは減らない。新宿界隈でなら珍しくもない混雑ぶりではあったが初台より西の甲州街道の歩道があれほどのひとであふれているのを見たのは後にも先にもあの時だけだ。しかも、甲州街道の歩道は新宿近辺とは違って薄暗かった。暗がりを大勢のひとが無言でただ一方向に歩き続けていた。その姿を僕は2012年7月6日の国会前で思い出したのである。

家族の無事を願い我が家へ急ぐひとびとの群れ。彼らはどこかまだ見ぬところへ行きたくて歩いているわけではない。思い描いているのはただ無事でいてくれる家族。自分の家が朝、自分が出た時と変わらぬ姿でいてくれること。つまり、彼らはあの日の朝に向かって時間を逆行して歩いていたのだ。地震がまだ起きていない時間へと。

今、デモに集まるひとびとの気持ちも同じだと思うのだ。

立憲主義を無視する政権はまるで震災に追い打ちをかけるかのように戦後の平和を壊そうとしている。それを察知して平和を願うひとびとは歩き始める。帰宅難民と違うのはそれが時には車道をも埋め尽くすことだ。それが2011年以降のこの国のデモだ。

2011.11.26
怒りのドラムデモ（東京・原宿）
Angry Drummers' Demonstration for No Nukes, Harajuku, Tokyo

2012.02.19
脱原発杉並デモ
Protest against Nukes, Suginami, Tokyo

2012.12.04
衆院選告示日・自民党本部前で脱原発アピール（東京・永田町）
Protest against Nukes in front of the LDP headquarters, Nagatacho, Tokyo

2013.02.03
パパママぼくの脱原発ウォーク in 武蔵野・三鷹 *"Family Walk for No Nukes in Musashino & Mitaka", Tokyo*

白い闇の中で観客席を降りる

ECD

2001年9月11日、仕事を終えて帰宅した僕は下北沢のアパートの自室のテレビでいつものようにテレビ朝日のニュース・ステーションを見るともなしに見ていた。すると唐突にニューヨークの高層ビルに飛行機が衝突する様が映し出された。テレビの画面で見た映像ではビルと飛行機の大きさの対比がよくわからず衝突したのは小型機のようにしか見えなかった。テレビでも第一報ではまだそれが旅客機であるとは伝えていなかったと思う。

しかし、すぐにそれがジェット旅客機であること、さらに他にもハイジャックされた機体があることが伝えられる。事態の経過を追うためにテレビ画面に釘付けになった僕は間もなく巨大なビルが崩れ落ちる様をリアルタイムで見ることになる。画面は煙で真っ白になる。橋の向こうからの映像ではマンハッタンそのものが白い煙で覆われてしまっていた。マンハッタンを覆った砂煙、テレビの画面を遮った砂煙、自分もその中に巻き込まれてしまったかのように思えた。この時を境に未来への見通しというものが全く失われた。これからの世界がどこへ向かうのかわからなくなった。まさに白い闇の中に迷い込んでしまったかのように視界を失った。どうしたらいいのかわからない。かろうしてその４日後僕が始めたのは手帳に日記をつけることだった。

9／15

今日から日記をつけることにした。11日の事件があって世の中どうなるかわからない。４日が経って、アメリカが国を挙げていきりたっている。文化人、知識人、特に作家の声はまだきこえてこない。それが不安。

9／16

昨日の東スポでネルソン・マンデラがアメリカの報復を危惧する発言を見つける。ユニオン・スクエアにキャンドルを持って集まった人達の掲げる幕に「NO《報復》REVENGE《するな》」と書いてあった。

この頃の僕はアメリカで戦争反対の声が大きくなることを期待していたのだと思う。それが日記を読むとわかる。まだ、自分がその声を挙げることは考えてもいなかったというのに。そして、伝わってくるのはアメリカで高揚するナショナリズムの様子ばかり。ジョン・レノンの「イマジン」ばかりでなくボブ・ディランの「天国の扉」、そしてどういうわけかレッド・ツェッペリンの「天国への階段」までが放送自粛の憂き目に遭っていると伝えられた。しかし、何よりも自分をゆさぶったのは9月20日の連邦上下両院合同会議でのジョージ・W・ブッシュ大統領の演説だった。ブッシュはこう言った。
「どの地域のどの国家も、今、決断を下さなければならない。われわれの味方になるか、あるいはテロリストの側につくかのどちらかである」

「われわれの味方になるか、あるいはテロリストの側につくか」――この言葉は僕がそれまで座っていた観客席から引きずり降ろすのに充分だった。

アメリカのナショナリズムを嘆く自分も戦争反対の声を期待する自分もまだこの事態の観客でしかなかったことを思い知らされた。しかし、観客席から降りてはみたもののこの時の僕はまだ白い闇の中にいた。どこに行けばいいのかわからなかった。観客でいるわけにはいかないという思いだけは募りながら1年半があっという間に過ぎた。

2003年3月20日、イラク開戦の当日、この日も僕は朝から仕事に出ていた。待機時間に控え室でテレビを観ていたら世界各地でイラク空爆を抗議するために多くのひとが集まっていることをニュースが伝えていた。僕はいてもたってもいられない気持ちになった。今ではもうすっかり慣れ親しんだデモがあるのに仕事で行けない時に感じるあのいてもたってもいられない気持ち。それを僕はこの時初めて感じたのだった。そして東京では抗議するひとびとがアメリカ大使館に向かっていることを僕は知る。さいわいこの日の勤務は夕方までだった。家族ができた現在とは違い独身だったこの頃の僕は仕事さえ終われればどこへ行くのも自由だった。職場に近いアメリカ大使館に向かうことを迷う理由はなかった。

調べるとこの12日前、3月8日にも日比谷公園で4万人が集まるデモがあったとの記録がある。しかし、僕はそれを知らなかった。やはりテレビでの報道は重要だと思う。3月20日ですら僕はテレビで知ることがなければ白い闇の中から出てどこへ行けばいいのか知らないままでいたかもしれない。

2013.01.13
国防軍反対！デモ（東京・渋谷） *Protest against the reorganization of the Self Defense Forces, Shibuya, Tokyo*

2013.03.31 | ヘイトデモに抗する（東京・新大久保） *Counter protest against racists, Shin-Okubo, Tokyo*

2013.04.21 | ヘイトデモに抗する（東京・新大久保） *Counter protest against racists, Shin-Okubo, Tokyo*

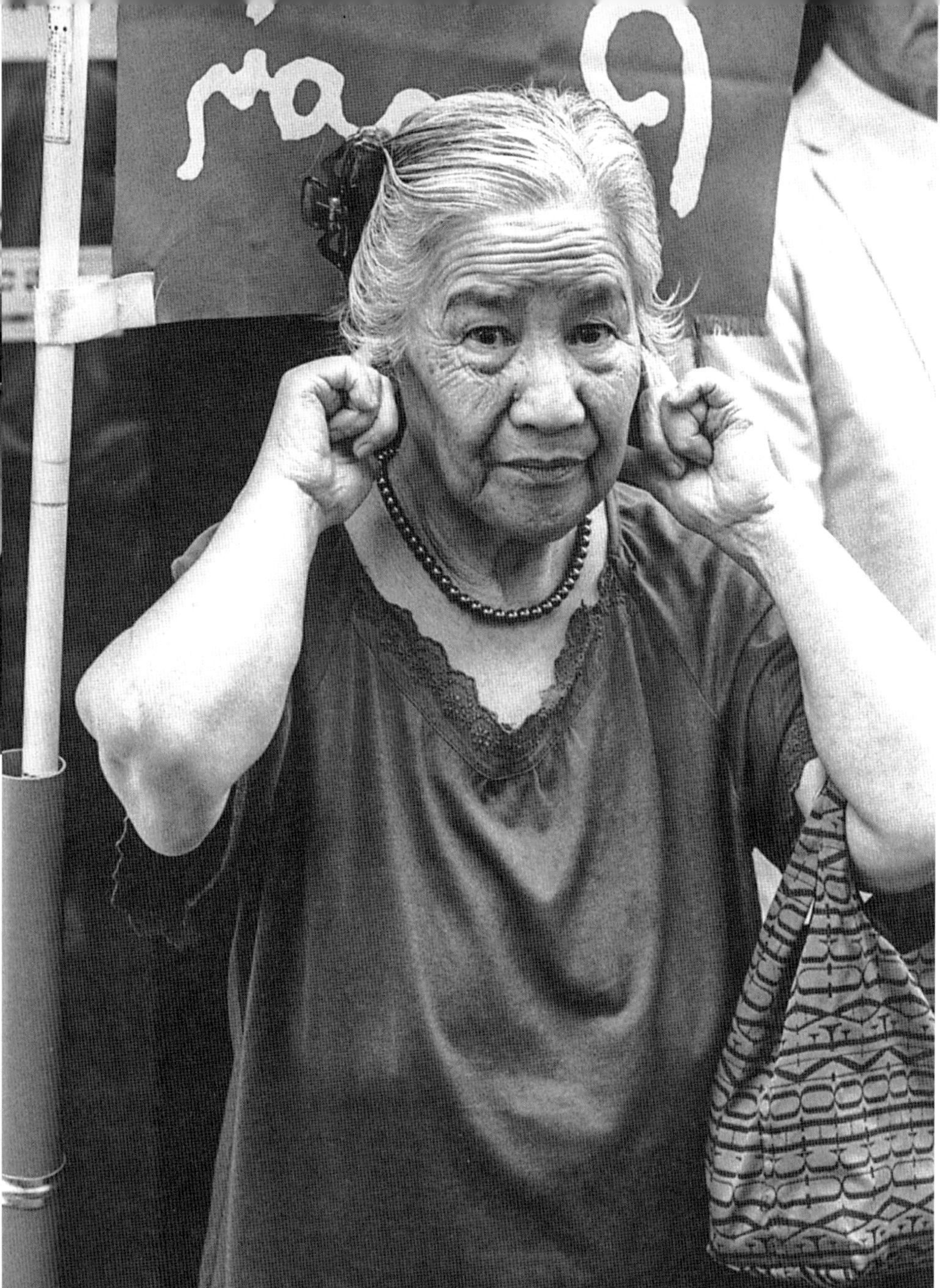

2013.05.20
ヘイトデモに抗する（東京・新大久保）
Counter protest against racists, Shin-Okubo, Tokyo

2013.06.16 | ヘイトデモに抗する（東京・新大久保） *Counter protest against racists, Shin-Okubo, Tokyo*

2013.06.30
ヘイトデモに抗する（東京・新大久保）
Counter protest against racists, Shin-Okubo, Tokyo

人の乗降を除く
日曜･休日を除く
反核
POLICE

3番通り
30
在日特権
なんて
元々無い！
レイシスト
帰れ!!!
POLICE

A lawyer protesting the riot police guarding racists, Shin-Okubo, Tokyo

2013.09.08 | ヘイトデモを警護する機動隊に抗議するひとりの弁護士（東京・新大久保）

特

2013.09.08 | ヘイトデモに抗する（東京・新大久保） *Counter protest against racists, Shin-Okubo, Tokyo*

찜닭
ZIMA
TOKY
AGAINS

2013.09.08 | **ヘイトデモに抗する**（東京・新大久保） *Counter protest against racists, Shin-Okubo, Tokyo*

警視庁

Marines
STOP
RACISM

2013.09.08 | ヘイトデモに抗する（東京・新大久保） *Counter protest against racists, Shin-Okubo, Tokyo*

サウンドカーに飛び乗る

ECD

そうして僕は2003年の3月20日を境にデモに行くようになる。といっても振り返ってみると2003年から2004年にかけて実際に参加したデモは10本あるかないかでそれほど多くはない。

しかし、渋谷で有名DJをフィーチャーしたサウンドデモで知られることになったASC（Against Street Control）のデモには知り合いのライターやデザイナーが会議の段階から関わっていたこともあり、僕も深く関わるようになった。ASCと関係の深かったA君が逮捕された反戦落書き裁判には傍聴にも行ったし、自分のCDのジャケットにその落書きの写真を使ったりもした。

ただ、そうやってASCに深く関われば関わるほどASC以外の主催のデモに行く機会は減った。あったとしてもそれは今のドラム隊の原型とも言えるT.C.D.C（Transistor Connected Drum Collective）の一員としての参加に限られた。

同じ頃にやはり音楽関係者も関わったことで話題になった下北沢再開発反対運動にもコミットすることはなかった。当時僕は下北沢に住んでいたにも関わらずだ。僕がデモに参加していることが知られるようになってから、様々なイシューの運動から賛同を求める呼びかけが届くようになった。応じたものもあれば応じなかったものもある。自分程度の知名度の者がデモに参加するようになったというだけで賛同を呼びかける運動関係者の体質になじめないものをその頃の僕は感じていた。それはおそらくまだ運動に縁のないひとたちが今もぼんやりと抱いている運動への忌避感とそう変わらないものだったのではないか。まるでカルト宗教のように洗脳され抜け出せなくされるような先入観を抱いていた。デモに対してそういう先入観を抱いているひとは今も少なくないのではないか。

もっとも僕は運動関係者あるいは活動家というのがどういうひとたちなのか詳しく知っているわけでもなかった。僕は大学に行っていないので大学を根城にしている学生運動とも全く縁がなくそれまでの人生を送っていた。ＡＳＣに関わっていたのは元々知り合いだったライターやデザイナー以外はほとんどが活動家と呼んでいいひとたちだったのだろう。しかし、僕はそのひとたちが運動圏の中でどういう位置にいたのかよく理解しないまま関わっていた。ＡＳＣが主催するデモはとにかく警備が厳しかったのだがその理由は今もよくわかっていない。ヘルメットを被りジュラルミンの盾を持った完全武装の機動隊がデモを取り囲む。あんなデモはあれ以来見ていない。一体ＡＳＣのサウンドデモの何があれほど危険視されていたのか？　それは今だに謎だ。わかっているのは警察というのはこちらが非暴力を唱えていようがなかろうが警備を強化する時には強化するということだ。そういう時はデモの集合場所に近づいただけで辺りの空気が違う。２０１１年9月11日の新宿の「原発やめろデモ」の時もそうだった。

その日、僕はサウンドカーの上でのライブをオファーされていたので一般参加者の集合時間よりかなり早く現場に向かった。２、３時間は早かったと思う。そんな時間なのに集合場所の新宿中央公園の回りは数え切れないほどの機動隊の輸送バスが並び警官がウロウロしていた。嫌な予感がした。デモ出発時にそれはいよいよはっきりした。屈強な機動隊員がサウンドカーと参加者の間に壁を作るように立ちはだかったのだ。こんなフォーメーションは２００3年のサウンドデモの時にも見たことがなかった。自分のライブはデモの後半の予定だったが、こんな状態では途中からサウンドカーに乗ろうとしても機動隊に阻まれるかもしれない。そう判断して僕は隙を見てサウンドカーの荷台に飛び乗った。

新宿中央公園南側から出発したデモがやっと新宿南口に着いたくらいだからまだコースの半分にも至っていないところで異変は起こった。先に出発していた車上で演奏をしていたバンドのメンバーがサウンドカーに乗ってきて仲間が逮捕されたから抗議のスピーチをさせてくれと言う。すぐにマイクを渡した。現場責任者のＦ君が逮捕されたとの情報も飛び交った。サウンドカーの前方で参加者がパトカーに引きずり込まれるのも目撃した。

結局この日は12人が逮捕された。しかし、3日後に7名、残りの5名も11日後の22日には解放されている。つまり、12人も逮捕しておきながらただのひとりも起訴に至らなかったのである。

警察はこういうことを平気でする。２０１5年の7月15日の国会前でも同じ危険を感じたことがあった。車道にあふれた参加者を歩道へ押し戻そうとする警官からこんな声が聞こえた。

「なんかあったらとっていいぞ」

僕は警官に無用な挑発をする参加者に注意を呼びかけた。聞かない奴は突き飛ばして警官から遠ざけた。

2013.09.22 | **東京大行進**(東京・新宿)　*March on Tokyo, Shinjuku, Tokyo*

キング牧師 フォト・ドキュメント
私には夢がある
I HAVE A DREAM
KING The Photobiography of Martin Luther King, Jr.

2013.09.22
東京大行進（東京・新宿） *March on Tokyo, Shinjuku, Tokyo*

2013.11.04 | ヘイトデモに抗する（京都・京都市役所前）

Racist attackers convicted, Kyoto

2013.11.10
ヘイトデモに抗する（東京・足立）

Counter protest against racists, Adachi, Tokyo

2013.10.15
差別反対都庁前アピール
Call for action against racism in front of Tokyo Metropolitan Government

2013.11.17
ヘイトデモに抗する（東京・銀座）
Counter protest against racists, Ginza, Tokyo

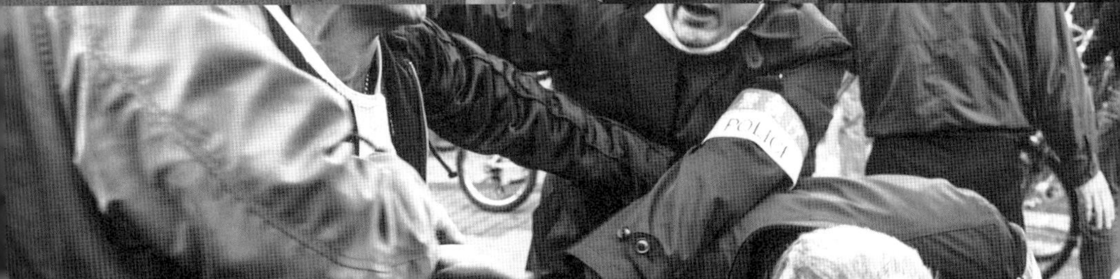

2013.11.23

ヘイトデモに抗する（東京・高円寺）

Counter protest against racists, Koenji, Tokyo

2013.11.26
特定秘密保護法案反対行動(国会前) *People protesting against Specific Secret Protection Law in front of the Diet Building*

2013.11.26
特定秘密保護法案反対行動（国会前）
People protesting against Specific Secret Protection Law in front of the Diet Building

特定秘密保護法反対
戦前
かよっ

2013.12.04
特定秘密保護法案公聴会阻止行動（埼玉・大宮） *People protesting against Specific Secret Protection Law at Omiya Hearing*

ARANI
不特定秘密保護法

2013.12.06
特定秘密保護法案反対行動(国会前) *People protesting against Specific Secret Protection Law in front of the Diet Building*

2013.12.24
差別反対都庁前アピール
Call for action against racism in front of Tokyo Metropolitan Government

俺にデモさせんな 4

「声」を取り戻す

ECD

「はしたない」という言葉が嫌いだ。「はしたない」は必ず「人前」という言葉とセットで発せられる。「人前でそんなことするなんてはしたない」そうひとが言う時の「そんなこと」は実はたいしたことではない場合が多い。「人前でそんな格好ではしたない」「人前で大きな声を出すなんてはしたない」この程度のことに「はしたない」は使われる。「人前」は「街中」に入れ替えてもいいだろう。

例えば「人前で性器をさらけ出してはしたない」とは言わない。人前で性器をさらけ出すような明らかに犯罪に問われるようなことには使用されないのが「はしたない」だ。「はしたない」は自分に不快感を催させる行為に対してブレーキをかけるために使われる。

デモを嫌悪するひとにとってデモは「はしたなさ」が行列しているように見えるのだろう。通常なら許されていない車道を歩行者が歩くこと。大きな声をあげること。拳を上げるなど派手な仕草をすること。プラカードを掲げること。

それらがデモで行われることを非難するひとも同じことが仕事として行われているのなら非難まではしない。街中で同じようなことを仕事としてしているひとはいくらでもいる。サンドイッチマン、様々な店の呼び込み、「安いよ、安いよー」と声をあげる魚屋のおっさんもそうだ。最もわかりやすいのがチンドン屋だ。デモを嫌悪するひとはこうしたひとたちのことをどう思っているのだろう。非難はしないまでも心の中でさげすんではいるのではないか。あんな仕事は自分なら金をもらってもしたくない。罰ゲームのようなものだと思っている。そういうひとがデモを嫌う。

人前で大きな声をだすことはそんなに恥ずかしいことだろうか？　混雑した電車から降りようとする時になぜ皆「降ります」と声に出して言えないのか？　子供の頃は誰でも人前で大きな声を出すことにためらいなどなかったはずだ。僕はチンドン屋を見つければ追いかけていったし、魚屋のおっさんのダミ声も大好きだった。

のちにラップを好んで聴くようになって〝Check It Out!〟という決まり文句を知る。これに〝Ya'll!〟を追加した〝Check It Out Ya'll!〟は「チェケラッチョ」と発音されラッパーを物真似する時の常套句にもなった。しかし、最初に触れた僕達にとっては新鮮でカッコいい響きのする言葉だった。そして、初めてニューヨークに行った時にこの〝Check It Out!〟がスーパーマーケットの呼び込みとして「安いよ、安いよ！」と同じ使われ方をされていることを知る。〝Check It Out! Check It Out!〟の連呼と「安いよ、安いよ！」は符割りも調子もそっくりだった。そんな身辺にあふれている言葉が海を越えればカッコよく聞こえる。それを知って僕はうれしかった。

それに街中で大きな声を出すことに必要をせまられることはいくらだってある。以前こんなことがあった。駅のホームで乗車列に並んでいたときのことだった。後ろからやってきた白い杖をついたひとが列に加わらずホームの端に向かって歩いてゆく。丁度、電車がホームに滑り込んできていた。白い杖を持ったひとは電車の音に気づかないのかフラフラと進んでゆく。僕は思わず「危ない」と声をあげ近づいて肘をつかんだ。回りにいたひとはそのひとに気づいていなかったのか、それとも気づいてはいても声をあげられなかったのか？　そうだったとしたら一体何が声をあげることをためらわせたのか？　それも「はしたない」からなのか？　大きな声をあげて周囲のひとの注目を浴びるのが恥ずかしいからなのか？　そんなことあってはならないと思う。ひとの命にかかわることなのだ。現代人は街中に出ると失語症になってしまうのか。

デモで大声をあげることはそんな咄嗟の事態にためらわず大声をあげられるようになるための訓練にもなると僕は思っている。ヘイトデモのカウンターに参加してレイシストに罵声を浴びせることに慣れたら電車内のトラブルを止めることもできるようになったという話を聞いたこともある。

デモに参加するひとが増えることは確実に世の中をよくすると思う。現代人の街中での失語症を治すにはデモに参加するのが一番手っ取り早いと真面目に思う。デモに参加した経験から実社会の生活に持ち帰るものが世の中を少しづつ変える。そのひとつが「声」を取り戻すことだ。

「声」を取り戻せ。

2013.10.21
差別反対都庁前アピール *Call for action against racism in front of Tokyo Metropolitan Government*

2013.11.11

2014.03.03

2014.02.10

ロシアでのLGBT弾圧に抗議（東京・ロシア大使館）

Protest against LGBT Oppression by Russian Federation

2014.03.03

差別反対都庁前アピール

Call for action against racism in front of Tokyo Metropolitan Government

2014.03.16
ヘイトデモに抗する（東京・池袋）
Counter protest against racists, Ikebukuro, Tokyo

Racism
the Red
Card
日本の
在特会はレイシスト
SHAME O
YOU,
재특회는 일
POLICE
POLICE
POLICE
POLICE
POLICE

STUDIO ALTA
ファシスト
くたばれ!
ANTIFA
安倍晋三は今すぐ
ISTS
DISSIDENT

STUDIO ALTA
ファシスト
くたばれ!
ANTIFA
OKYOAGAINSTRACIS
You are Fascist

2014.03.21
安倍首相のテレビ出演に合わせANTIFA集結（東京・新宿）
Protest against the prime minister, Shinjuku, Tokyo

ANTI
Fascist
安倍政権打倒!!
りのブルドーザーデモ

2014.08.02

ファシズム潰せ！ 怒りのブルドーザーデモ

（東京・渋谷）

Defeat Fascism! Angry Bulldozer demonstration, Shibuya, Tokyo

ひとびとがコールする

ECD

街頭に出たひとが声を取り戻す過程を僕はつぶさに見てきた。

2003年のイラク反戦のサウンドデモに関わってラッパーである自分に最初に依頼されたのは従来のシュプレヒコールとは一線を画す、カッコいいコールを考案してほしいということだった。どんなコールを考えたのかすっかり忘れてしまったが当時の手帳にこんなメモがあった。

「いーのか有事法　よくない」

なんとSEALDs（自由と民主主義のための学生緊急行動）が得意とするコールとレスポンスが異なるタイプのコールである。しかし、これは実際にやってみた記憶がない。そもそも当時のサウンドデモではシュプレヒコールはそれほど重要視されていなかった。現在のサウンドデモでは必ずマイクを持ったコーラーもサウンドカーに乗ってコールをリードする。DJがかける曲もそれに乗せてコールすることを配慮したものだ。しかし、2003年のサウンドデモは違った。マイクを持ったコーラーが乗ることはまれだったし、DJの選曲もあくまでも参加者を踊らせるためのものだった。しかも、レゲエのサウンドシステムをフルで積み込んで爆音で鳴らすのだから参加者のコールなどかき消されてしまうのだった。だからコールらしきものがあるとしたら、それはサウンドカーの音が聞こえなくなるデモの後方だった。そこには前述した今のドラム隊の先駆けであるＴ.Ｃ.Ｄ.Ｃがドラムや管楽器などを鳴らしていた。そして散発的にではあるが「殺すな！」「戦争反対！」というコールが発せられていた。

3・11以降のデモでも事情はすぐには変わらなかった。２０１１年の6月11日の新宿の「原発やめろデモ」で僕はサウンドカーに乗っているがそれはコーラーとしてではなくライブパフォーマーとしてだった。しかし、この時に僕は初めて参加者はもう踊りたくて来ているのではない、ライブを聴きに来ているわけでもない、抗議の声をあげるために来ているのだということを思い知らされることになる。それはデモがもうゴールのアルタ前に近づいた時のことだった。ＤＪはハウス・ミュージックをプレイしていた。そしてその四つ打ちのビートに合わせて参加者が自発的に「原発いらない」とコールするのが聞こえてきた。そして僕と顔見知りの参加者のひとりが「ＥＣＤさんもマイクでリードして」と声をかけた。もちろん断る理由などなかった。僕はマイクで「原発いらない」と参加者の声に応えた。そう、この時のコールはコーラーではなく参加者がリードするものだったのだ。

記述が前後するが同じ年の4月30日にはツイッター上で見ず知らずの有志によって組織されたデモ「ツイット・ノー・ニュークス」が渋谷で始まっている。ツイット・ノー・ニュークスのデモはサウンドカーを排しドラム隊とコールだけというシンプルなデザインを試みた。梯団《ていだん》の先頭にはドラム隊、各所にトラメガを持ったコーラーが配置されコールをリードする。しかし、僕が初めて参加した7月23日の段階でもまだ参加者ひとりひとりがあげる声は大きいとは言えなかった。特にリードコールの声が届かないところは声をあげるひとはまばらだった。僕はそんなところを選んでは地声でコールをリードした。続けていれば応えてくれるひとも増えた。僕はそんな風に参加者のケツを叩く役割を任じていた。

そんな参加者の声に変化を感じたのは12月3日の渋谷「NO NUKES! ALL STAR DEMO 2」の時だった。大飯原発の再稼動が具体性を帯び始めたこの時のデモでそれまでのコールの主流だった「原発いらない」を「再稼働反対」がしのいだ。コールの返りの大きさが明らかに違ったのだ。それまでは控えめにしか声をあげていなかったひとも「再稼働反対」では声を張り上げているように思えた。「再稼働反対」が「原発いらない」をしのいだだけではなく、あがる声そのものが大きくなったのだ。この時以来「再稼働反対」は日本の反原発運動を象徴するコールになる。

2012年の3月29日に始まった金曜官邸前抗議、そこではコールだけではなく希望する参加者によるスピーチにも時間を割いていた。しかし、再稼働の日程が迫り、参加者も増えるにしたがってスピーチよりもコールを、という声が高まっていったのをよく覚えている。中にはもう2時間ぶっ続けでコールだけでいいという者もいた。僕もそんな気持ちだった。そして、街頭のデモと違って歩行のテンポに左右されないためコールのテンポも格段に速くなった。抗議行動を主催する反原連（首都圏反原発連合）スタッフの多くはハードコアパンクを音楽的バックグラウンドにもっていた。それがコールのテンポアップに拍車をかけた。

2014.12.07 | ヘイトデモに抗する（京都・勧進橋児童公園） *Counter protest against racists, Kanjinbashi Children's Park, Kyoto*

2014.12.07 | ヘイトデモに抗する（京都・四条通り） *Counter protest against racists, Shijo Street, Kyoto*

2014.09.07
ヘイトデモに抗する（東京・銀座）

Counter protest against racists, Ginza, Tokyo

2014.09.23
ヘイトデモに抗する（埼玉・大宮）
Counter protest against racists, Omiya, Saitama

2014.09.23
ヘイトデモに抗する（東京・六本木）
"I'm a Korean. So what?" Roppongi, Tokyo

2015.02.08
後藤健二さんと湯川遙菜さん追悼集会（東京・渋谷）
Mourning for Japanese victims of ISIS. Tokyo, Shibuya.

2015.02.08
CLUB C.R.A.C.（東京・代官山）
CLUB C.R.A.C.(Counter-Racist Action Collective), Daikanyama, Tokyo

RACISM

2015.02.08 | CLUB C.R.A.C.（東京・代官山） *CLUB C.R.A.C.(Counter-Racist Action Collective), Daikanyama, Tokyo*

レイシストへ叩きつける

ECD

「声を出すこと」の次の変化は2013年、新大久保のヘイトデモへのカウンター（抗議行動）で起こった。

そこでは声の役割そのものが通常のデモとは違っていた。カウンターの声は第一にヘイトスピーチをかき消すためにあった。韓国の政策に抗議するのなら大使館に行けばいいのにレイシストは韓流タウンの新大久保を標的にした。その声が被差別当事者の耳に聞こえないようにするためのマスキングとしてカウンターの罵声はあった。目的は物理的に奴らのヘイトスピーチをかき消すことにあったから「声」である必要もなかった。大音量の「音」が必要で、それは2015年10月4日経産省前テント広場へのレイシストの街宣に対する「ノイズミュージック・カウンター」として実に2年を経て実現している。カウンター各自にトラメガ持参を呼びかけるようになったのも新大久保のヘイトデモへのカウンターからだった。

カウンターがレイシストに罵声を浴びせるのには物理的にヘイトスピーチをかき消すのともうひとつ第二の目的があった。それは彼らのヘイトスピーチを被差別当事者からしばき隊、カウンターへと矛先をそらせることだった。だからカウンターは「どっちもどっち」という批判を恐れず、汚い言葉でレイシストを挑発したし中指を立てるのもそのためだった。

ただ最初のうちは中指立てが彼らにどれほどの効果があるのか僕は半信半疑だった。僕自身はパンクロックが好きだったから昔からパンクロッカーがして見せていた中指立てにどんな意味があるかはよく知っていた。知っていたから逆に、それが日本人、しかも自称愛国者、排外主義の彼らを相手にして見せた時に挑発としての効果があるのかどうか。実際、彼らの面前に中指を突き立てて見せても最初は彼らの反応は顕著なものではなかった。沿道を併走するカウンターに向かって突っ込んで来ようとして警官に止められるようなレイシストもいたが、それが中指立てに反応してなのかどうかはわからなかった。そういう血気盛んなレイシスト以外のヘイトデモ参加者は皆一様にヘラヘラ笑いながら歩いているだけだった。

中指立てへのレイシストの反応を僕はデモの最中ではなく、終了後の彼らのネット上の書き込みで知ることになる。面白いほどに彼らは中指立てへの怒りをあらわにしていたのである。しかし、その心理は僕にはいまだによくわからない。日本では全く定着していない中指を立てることでの相手への侮蔑、外国人の表現でしかない中指立てに彼らはどうして反応したのか。自分たちが外国人扱いされたと感じたからだろうか？　それとも外国人の真似をした僕たちに怒りを感じたのだろうか？　ともかく彼らは外国人の真似を自らするのが嫌だからなのか中指を立てられても自らも中指を立ててそれに応えるようなことをしばらくの間はしなかった。しかし、そんなこだわりも捨てたのか今では彼らも平気で中指を立てて見せるようになっている。ますますもってわけがわからない。まあ、わけなどわからなくてもいい。中指を立ててみせれば彼らはカウンターを無視できない、それは確かなのだから。

僕自身が確実にヘイトスピーチの矛先を変えさせたと実感したのは3回目の参加の時だった。その日は仕事を終えてからの参加だったから僕はツイッターでヘイトデモの様子を確認し、今からデモを追うより新宿から逆行して解散地点の柏木公園に向かうヘイトデモを正面から迎え撃つ方がいいと判断し、小滝橋通りを北へ急いだ。職安通りの手前でヘイトデモの先頭が見えた。デモの先導者がマイクでがなっているのが聞こえた。

「しばき隊をーたたき殺せー」

レイシストは確かにそう叫んでいたのである。それは第二の目的が間違いなく達成されたのを確認した瞬間だった。

ところで僕は実は拡声器《トラメガ》を持参してカウンターに参加することはない。その理由は地声の方がトラメガの割れた音声より場合によっては言葉を明瞭に相手に突き刺すことができると信じているからだ。ヘイトデモの現場はレイシストのヘイトスピーチとそれをかき消そうとするカウンターの罵声、さらに警察による警告が重なってとてつもない喧噪に包まれている。しかし、そんな中にもしばしば嵐が収まったかのように一瞬の静寂が訪れることがある。そんな時には地声の方がよく通る。彼らは何故かカウンターひとりひとりが誰であるかを常に気にしている。そして、それが誰だかわかると名指しで攻撃してくる。それこそ矛先を変えるのが目的のこちらの思うつぼだ。だから自分の声が他のカウンターの声にまぎれないように、それがＥＣＤの声であることがよくわかるように地声でアピールしてやることにしている。

レイシストは桜井誠のような名前が知れた者でも所詮小物だ。だからカウンターを無視できない。そういう意味では声のぶつけがいのある相手だった。

SAY NO H8
BLEND is beautiful
Dance against racism.

H&M
STOP every discrimination
差別はいらない

2014.11.02 | **東京大行進**(東京·新宿) *March on Tokyo, Shinjuku, Tokyo*

2014.06.26
ウガンダでのLGBT弾圧に抗議
（東京・ウガンダ大使館）

Protest against LGBT Oppression in front of Embassy of Uganda

2015.04.25
ヘイトデモに抗する（福島県・郡山） *Counter protest against racists, Koriyama, Fukushima*

お金がなくても、
屋根がなくても、
ぼくらはもうすでに
一緒に生きている。
We're already living together.

Do the Right Thing
STAND UP FOR SOMEBODY

2015.04.26
東京レインボープライド（東京・渋谷）　*"Tokyo Rainbow Pride" Shibuya, Tokyo*

2015.05.16

新基地建設反対行動（沖縄・辺野古）

Protest against the new U.S. base construction,
Henoko, Okinawa

2015.05.18

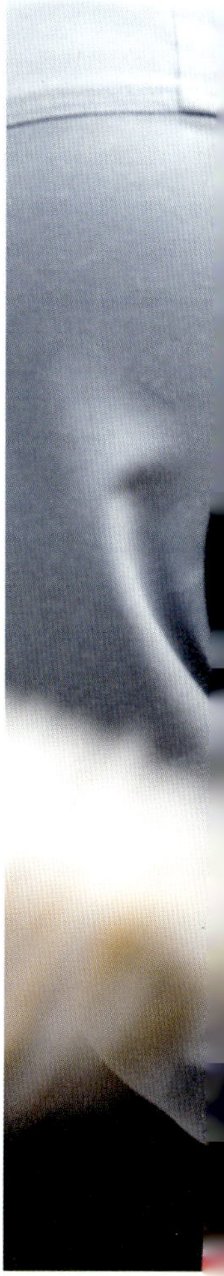

2015.05.17

2015.06.17
ソウルクィアパレードへの連帯（東京・新宿）
Solidarity Action for "Seoul Queer Parade", Shinjuku, Tokyo

2015.06.21
ソウルクィアパレードへの連帯（沖縄・キャンプシュワブ）
Solidarity Action for "Seoul Queer Parade", Camp Schwab, Okinawa

2015.06.20
ゆんたくるーサウンドデモ（沖縄・那覇）
Demonstration for Peace, Naha, Okinawa

2015.06.22

新基地建設反対行動（沖縄·辺野古）

Protest against the new U.S. base construction, Henoko, Okinawa

Protest against the prime minister in his vehicle, Mabuni, Okinawa

2015.06.23 | 沖縄全戦没者追悼式。車中の首相に抗議（沖縄・摩文仁）

ぶつける相手にぶつける

ＥＣＤ

自分たちの声はぶつけるべき相手に届いているのか？ そんなことは２００３年イラク反戦の時にはほとんど考えもしなかった。２０１１年３・11以降のデモで初めて芽生えた疑問だった。

２０１１年の抗議行動の中心を担ったのは東電前抗議を別にすればやはり街頭のデモだった。４月10日に高円寺で１万５千人を集めた「原発やめろデモ」は大きな注目を集めたし、ほぼ毎月のように各地で原発に反対するデモがあった。新宿や渋谷だけではない。銀座や吉祥寺でもデモはあった。そうした繁華街で「原発いらない」と叫んで歩く。その声を聞くのは沿道の通行人、つまり一般のひとびとだ。しかし、その一般のひとびとがデモに出くわしてネットに書き込む反応は否定的なものだった。「バスが遅れた」「うるさい」「横断歩道を渡るのを待たされた」等々、とにかく、デモを「迷惑だ」という声でネットはあふれた。その書き込みの主が原発政策に反対なのか賛成なのかはわからない。それ以前にデモそのものへの拒絶があるかのように僕には思えた。

ネットでのデモへの反応がそんな感じだったから、デモで歩いている最中もやはり気になるのは沿道のひとびとの反応だった。耳では主にコールの返りの大きさをチェックしつつ、目はいつも沿道のひとびとの様子に注意を払いながら歩いた。拳を上げて賛同の意志を示してくれるようなひともいたからそんなひとを見逃したくなかった。また、親指を下げて見せたり、中指を立てたりと明らかな敵意を見せる者はデモに突っ込んでくる恐れもあったからこれも見逃すわけにいかなかった。しかし、そのどちらも沿道のひとびとの中では少数派だった。ほとんどの通行人はそこにデモなど存在しないかのように恐らくいつもと何の変わりもなく道を急いでいるようにしか見えなかった。デモがさもうるさそうに耳を塞ぎながらこちらには一瞥も送らず歩く通行人もいた。そんなひとのほうがまだデモに反応を示してくれているだけマシに思えた。

　そうした沿道の冷たい反応ばかり見ていて募ったのが同じ声をあげるなら、やはり、為政者に直接怒りの声をぶつけたいという気持ちだった。もちろん、街頭のデモ、特に渋谷ハチ公前のスクランブル交差点のようなところをプラカードを掲げた大勢のひとが歩くことの宣伝効果も頭では理解している。しかし、フラストレーションが溜まっていたのも事実だった。

　そんな気分のまま終わろうとしていた２０１１年の12月19日その当時の野田首相が新橋駅西口のＳＬ広場で街頭演説を行うというニュースが飛び込んできた。この日は月曜日。僕はたまたま仕事が休みだった。正午からの予定の演説会に「ＮＯ　ＮＵＫＥＳ」のプラカードをたずさえて僕は出かけた。時の首相に「原発反対」の声を直接ぶつけてやりたかった。ＳＬ広場は僕が到着した時にはもう聴衆で埋まっていた。街頭のデモでは見かけることのないＳＰ《セキュリティ・ポリス》の姿が目についた。そこかしこにデモで見慣れたプロテスター（抗議者）の顔も見えたが各自バラバラに会場に散らばり一カ所に集まるようなことはしなかった。野田はまだ到着していないようだった。蓮舫議員らの演説が始まった。おそるおそるプラカードを掲げるとすぐにＳＰに止められた。「何が悪いのか」と抗議はしたがその場では一旦従い野田の登場を待つことにした。アピールすれば制止されることはわかった。それなら野田にぶつけなければ意味がないからだ。
　ところが予定の時刻を過ぎても野田は現れない。しびれを切らした僕は演説が終わり次の者へと交代するために街宣車のマイクの音声が途切れたところを狙って「原発いらない」と声をあげた。そして前へと向かった。同じように声をあげ前へ向かうひとびとがいた。街宣車のすぐ手前まで押し寄せたプロテスター達の「原発いらない」はもう止むことはなかった。議員が何を喋ってもシュプレヒコールでかき消されて聞き取れない。少し経ってから知るのだが、この時、その議員は金正日が死去したこと、そのため国家安全保障会議が招集され新橋に向かっていた野田は官邸に引き返したと伝えていたのだった。演説会は首相が来ないまま中止になった。
　しかし、もしも予定通り来ていても会場が怒号で埋め尽くされたあんな状態で野田は果たして登壇することができたのかどうか。成功体験と言えるほどのものではなかったが、この時の体験が僕をますます声をぶつけるなら為政者に、という気持ちにさせた。
　直接抗議へと向かう動きは再稼働の具体化を受けてもう始まっていた。11月25日には有楽町東電前抗議があったし、年が明けると経産省前抗議が始まった。さらに3月29日からの金曜官邸前抗議になり、２０１２年6月29日には20万人を集めるまでになったのだった。

2015.06.28 | ソウルクィアパレード(韓国・ソウル) *"Seoul Queer Parade" Seoul, Korea.*

2015.06.28 | **ソウルクィアパレード(韓国・ソウル)**
“Seoul Queer Parade” Seoul, Korea.

HAPPY
TokyoRainbowPride

2015.07.05
トルコでのLGBTパレード弾圧に抗議（東京・トルコ大使館）
Protest against LGBT Oppression in front of Embassy of Turkey

2015.07.15 | **安保関連法案反対行動**(国会前) *Protest against the security-related bills in front of the Diet Building*

2015.07.15 | 安保関連法案反対行動（国会前） *Protest against the security-related bills in front of the Diet Building*

2015.08.02

戦争法案に反対する高校生デモ
（東京・渋谷）

High school students protest against the security-related bills, Shibuya, Tokyo

2015.09.06
安保関連法案反対行動（東京・新宿）
Protest against the security-related bills, Shinjuku, Tokyo

CHANGE THE PRIME MINISTER
CHANGE THE PRIME MINISTER
Association of Scholars
学者の会
THE WA
AGAINST
WAR
消火栓
SMBC
SEALDs

YOUTH AGAINST FASCISM
私の国に、戦争はいらない。
国民を舐めるな!
NO WAR
FREE
ANTI Fascist
the name of democracy
LET US ALL UNITE
戦争法案反対
民主主義と生活を守る有志

DEMOCRACY IS NOT DEAD

ANTI Fascist
Smash Racism from You

2015.09.13

戦争法案に反対する関西大行動
(大阪・御堂筋)

Protest against the security-related bills, Midosuji, Osaka

「俺たちが！」勝利をイメージする

ＥＣＤ

ＳＡＳＰＬ（特定秘密保護法に反対する学生有志の会）のデモに参加したのは２０１４年の10月25日「特定秘密保護法に反対する学生デモＦＩＮＡＬ＠渋谷」が最初だった。この時に僕は自分がラップの歌詞として書いたフレーズ「言うこと聞かせる番だ　俺たちが」を自分以外の人間がデモのコールとして発するのを初めて生で聞いた。しかも、コールしていたのはＳＡＳＰＬのメンバーの若い、僕から見れば「女の子」とつい呼んでしまう年齢の女性２人だった。たまたま僕が歩くことになったところの一番近くに配置されていたコーラーが彼女たち２人だった。２人は１台のトラメガを交互に持ち替えかわるがわるコールをリードしていた。

「言うこと聞かせる番だ　俺たちが」というフレーズは２０１２年４月にリリースされた田《でん》我《が》流《りゅう》のアルバム「Ｂ級映画のように２」に収録された〝Straight Outta 138 feet . ECD〟のために書いた歌詞の一部だった。だから、この時点でもう世に出てから２年半が過ぎていた。

このフレーズはそのアルバムが出た当初、僕自身もサウンドカーでのコーラーを任された時にはコールとして使ってみることもあった。しかし、その後コールとして定着することもないまま過ぎていた。実はこのフレーズをコールとして使うことに僕はあまり積極的ではなかった。「俺たちが」という主語を女性に押しつけることのためらいがあった。ところがＳＡＳＰＬの女性たちは何のためらう様子もなく連呼した。僕は素直にそれをうれしいと思った。自分のためらいを軽々と越える彼女たちの姿がまぶしかった。しかも、彼女たちの声は明るかった。自分たちの怒号とは明らかに違うものだった。僕はこの日のデモが終わってから感想として「今日のＳＡＳＰＬのデモ、勝利のイメージがありました」とツイートしている。

　この時のＳＡＳＰＬのデモでもそうだったが、この２０１４年に参加した他のデモ「怒りのドラムデモ　ファシズム許すな！　安倍政権打倒デモ＠新宿」や渋谷で行われた「ファシズム潰せ！　安倍政権打倒怒りのブルドーザーデモ」、それらのデモにおいて僕はもう参加者のコールへの返しの大きさを心配するようなことはすっかりなくなっていた。２０１３年の新大久保でのレイシストとの戦いを経て確実にＡＮＴＩＦＡ《アンチファ》（アンチ・ファシズム）を自任する層がその力を確かなものにしていた。そんなデモ慣れしたＡＮＴＩＦＡ連中でも「難しくてできない」ともらしていたのがＳＡＳＰＬと、その後はＳＥＡＬＤｓのデモでのコールのひとつ

Tell me what democracy looks like! This is what democracy looks like!

だった。

　これはラッパーの僕でも習得するのには時間を要した。正直、これを初めて聞いたときはコールとして定着するんだろうかと心配した。しかし、それが杞憂に終わったことは２０１５年夏の国会前が証明した。ＳＥＡＬＤｓはこの難易度の高いコールを構わず

やり続けた。そしてそれは遂に定着してしまったのだ。

２０１５年夏の国会前、特にその最前部ではコーラーのリードに応えてあがる声のほとんどが女性なのではないかと思うほど女性たちの声が大きく聞こえることがあった。女性の声というと「黄色い声」などと揶揄されることもある。しかし、彼女たちの声は違った。しっかり全身を響かせた声だった。これはそれまでのデモでは聞いたことのない現象だった。

そして、２０１５年10月18日、ＳＥＡＬＤｓの主催する「安保法制に反対する渋谷街宣」でも驚くべきことがあった。この日のシークレットゲストだったスチャダラパーのライブが終わり、予定の時間も残りわずかというその時のことだった。参加者から自然発生的に「野党は共闘」と声があがり止まらなかった。この時僕はスチャダラパーのライブを観るためにステージのすぐ前にいた。その声は自分の背中の方から沸き上がるように聞こえてきた。誰かその口火を切ったものがいたようにも聞こえなかった。最初は小さかったのが徐々に大きくなったのでもない。ほぼ一瞬にして「野党は共闘」の声がハチ公前を埋め尽くしたのだった。

これと似たような声のあがりかたを聞いたことがその1カ月前にもあった。9月16日地方公聴会の会場新横浜プリンスホテル裏の車道で起こったシットインの時だった。議員が乗った車を止めるために路上に寝そべった者たちはすぐに「戦争反対」と声をあげた。やがてそれは「¡NO PASARAN!《ノーパサラン》」（奴らを通すな）へと変わった。もう声をあげるのに誰かの指揮はいらなくなっていた。

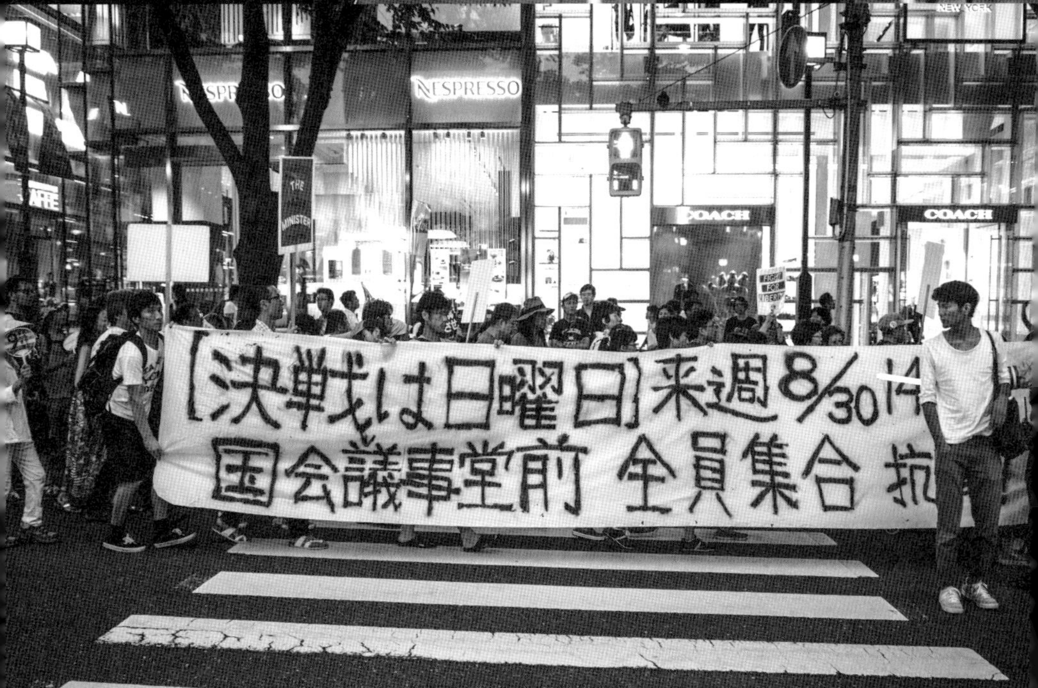

2015.08.23 | 安保関連法案反対行動（東京・青山） *Protest against the security-related bills, Aoyama, Tokyo*

2015.08.30 | **安保関連法案反対行動(国会前)** *Protest against the security-related bills in front of the Diet Building*

民意
警視庁

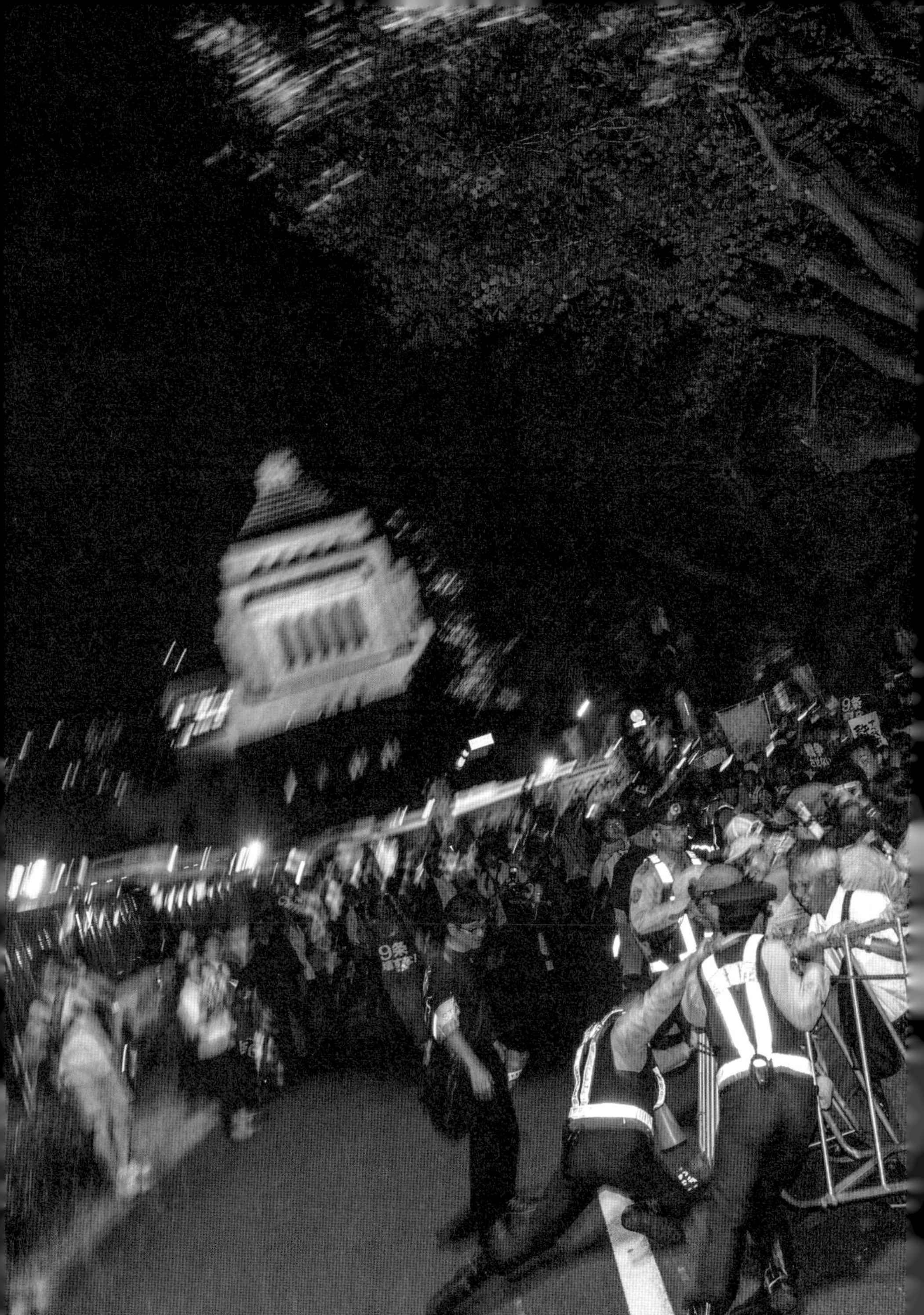

2015.09.14 | **安保関連法案反対行動（国会前）** *Protest against the security-related bills in front of the Diet Building*

2015.09.14 | **安保関連法案反対行動**（国会前）

Protest against the security-related bills in front of the Diet Building

警視庁
CH031

路上に身を投げ出す

ＥＣＤ

２０１５年9月16日、安保法制の採決の前提条件である地方公聴会が行われる新横浜プリンスホテルに僕は10時半には到着していた。公聴会は13時開始だったから2時間以上も前のことだ。10時半はさすがに早過ぎたが開始までに確かめなければならないことがあったのだ。それは議員がどこから会場入りをするのか見定めることだった。入口がわかれば出口もわかる。この時プロテスターが新横浜に集結した目的はただひとつ、公聴会が終わって国会へ向かう議員の乗った車をシットインで阻止することにあった。だから議員の乗った車がどこから出てくるのかはまず第一に知っておかなければならないことだった。

開始時間の1時間も前からホテルの正面玄関の車道を挟んだ対岸の歩道では段幕を持ったりプラカードを掲げたひとびとが集まり抗議の声をあげていた。しかしシットイン目的のプロテスター達はそれに加わることはなくホテルの周囲をウロウロしていた。議員の会場入りについては様々な情報が乱れ飛んでいた。正面玄関にバスで、という説もあれば、新幹線で新横浜まで来て会場までは徒歩という推測もあった。誰の目に触れることもなく会場までたどりつく通路が確保されているなんて話まで出た。いずれにしろ議員の会場入りを見逃すわけにはいかなかった。
正午前、黒塗りの車3台がホテルの駐車場に入ったという情報がツイッターに流された。出てくるのは同じ駐車場の出口だとプロテスター達は情報を共有した。そこが出口になるだろうことはその周囲に配置された警官の数の多さからも確信できた。
プロテスター達は駐車場出口から車道を挟んだ対岸の歩道に集まった。しかし、まだ駐車場出口から出てきた車がどういう進路で国会へ向かうのかがわからない。普通に考えれば駐車場から出た車は左折してホテル正面を通過するはずだ。しかし、車道を規制して逆走させるのではないかと言う者もいた。
やがて公聴会が終了したとの報が入る。今か今かと駐車場出口を見守る。そして、それまではかなりの交通量のあった駐車場出入口前の車道の車の流れが警察の規制によって止められた。黒塗りの車が顔を出したかと思うとそれは猛スピードで目の前を通り過ぎた。さすがにこの車の前に身を投げ出す者はいなかった。しかし、もう車の進路はわかった。僕は目の前で規制線を張る警官の間をぬって車道へ飛び出した。そしてホテル側車線の路上にスライディングしそのまま仰向けに寝そべった。灰色の空が見えた。となりには同じように飛び込んできたプロテスターが寝転んでいた。すぐに腕を組んだ。首を上げてあたりを見渡すともう車道は一面寝転んだプロテスターで埋め尽くされていた。
もちろん、これを警官が放置するわけはない。足をつかみ腕をつかみして路上からひきはがそうとする。しかし、人数が多過ぎて排除も思うようにはいっていないようだった。それでも気がつくと僕のからだは最初に身を投げ出した車線からセンターラインを越えたあたりまで移動させられていた。寝転がったままの姿勢で顔を駐車場出口の方へ向けるとその先にはもう車が通過できるだけのスペースが確保され、こちらに向かって車が向かってくるところだった。僕は両足を踏んばって車の進行方向へと少しでもからだをずらそうとした。しかし頭の上をまたいだ警官によってそれは阻止された。車は頭の先を通り過ぎた。僕は追走するために立ち上がった。これを止めようとする警官と押しくらまんじゅう。なんとか振り切ってホテル正面玄関前の四車線の道路に出る。もうそこもプロテスターで一杯だった。

正面玄関前にはどうしてそこに一台だけあるのかわからない乗用車にひとがたかり議員の車の進路へバリケード代わりに移動しているところだった。その向こうではあらたなシットインが起きている。歩道橋には見物人が鈴なりになっていた。時間を確かめるともう16時を過ぎていた。そろそろ離脱しないと娘の保育園の迎えに間に合わなくなる。混乱は続いていたが僕は新横浜をあとにした。

この時のシットインはかろうじて成功に終わった。ひとりの逮捕者も出さなかった。しかし、また同じ場所で同じようなことがあるとしたら今度は警察はホテル側面対岸の歩道も正面玄関対岸の歩道も通行を規制しシットインを阻止しようとするだろう。その時にはまた新しいやり方が試されるだろう。シットインはそれ自体が目的ではない。警察はこちらが「やったこと」にしか対応できない。そんなことの繰り返しなのだ。

2015.09.16 | **安保関連法案反対行動**（**横浜公聴会**） *Protest against the security-related bills at Yokohama Hearing*

憲法
まもれ!!
神奈川県警察

2015.09.16 | **安保関連法案反対行動**（横浜公聴会） *Protest against the security-related bills at Yokohama Hearing*

2015.09.19 | **安保関連法案反対行動（国会前）** *Protest against the security-related bills in front of the Diet Building*

2015.09.17 | **安保関連法案反対行動**（国会前） *Protest against the security-related bills in front of the Diet Building*

2015.09.16 | **安保関連法案反対行動（国会前）** *Protest against the security-related bills in front of the Diet Building*

守る

ECD

2015年夏の国会前で繰り広げられた安保法制反対の抗議行動では抗議中に体調を崩す参加者が相次いだ。その数はこれまで僕が参加してきたどの抗議行動よりも多かった。

衆院での採決に向けた7月15日16日17日、参院での採決に向けての9月14日15日16日17日18日19日、というように抗議が連日に及んだことがその大きな要因だろう。2012年の金曜官邸前抗議の時も夏を迎える暑い時期だったが抗議が連日続くということはなかった。その名の通り、週に1回、金曜日だけ。それに抗議時間も18時から20時までの2時間と限られていてこれを延長することはなかった。それに比べて今回は僕が主に参加していたSEALDsの抗議時間の前にも他団体の抗議があったから、抗議の期間中かなりの長時間を国会前で過ごしたかたも多くいたのだと思う。

僕はSEALDs主催の時間に限っても全ての抗議に参加できたわけではなかった。それでも具合が悪くなったかたを見かけない日はなかった。参加者であふれた車道の最前列で隣にいたお年寄りがうずくまってしまい鉄柵の外に助け出す。石垣で仰向けになっている男性が具合が悪そうなので声をかけると「大丈夫だから、ほっといて」と声を荒げる。しかし、冷や汗をかいているし顔色も悪い。「お医者さんを呼んできますから」と説得して医療班の車両に走る。ステージの近くで倒れたSEALDsのメンバーを医療班の車まで運ぶのを手伝ったこともあった。

国会前では他にも様々なトラブルがあった。その最も大きな要因だったのが歩道と車道の間に警察が設置した鉄柵だった。鉄柵はただ並べられているわけではない。そのひとつひとつがロープで結ばれ、しかもその結び目はほどかれないように結束帯で補強されていた。歩道に参加者があふれ離脱したくても思うように動けない車椅子の参加者を鉄柵を開けて車道に逃すようにと警官を説得する。歩道には多くの参加者がいるのに車道に並んだ何台もの機動隊輸送バスがアイドリングをしている。隊長らしき警官を探してやめさせるように言う。タクシーで抗議エリアに乗りつけた参加者が降りようとするのを警察が止めようとする。警官に抗議し参加者に降りるよううながす。そんなことで声が枯れてしまう日もあった。国会前は過酷だった。

でも、国会前には参加者に飲料水やのど飴を無料で提供する給水クルーもいたし、医療班もあった。スマートフォンを充電するための給電所なるものが設けられていることもあった。また、国会前北庭に位置する憲政記念館は通常なら16時半で門が閉められ出入りができなくなってしまうのだが、抗議のある日はなんと22時過ぎまで門が開いたままになっていた。憲政記念館にはトイレも飲料の自動販売機もあった。ここのトイレがなかったら参加者は用を足そうとしたら最寄りの駅まで歩くしかなかったのだからこれは本当に助かった。そして、何より見守り弁護団の存在。弁護団のかたは警察が法的に認められない過剰な警備をしていると見てとれば僕などの抗議とは比較にならない猛烈な抗議をしてみせてくれた。ヘイトデモへのカウンターなどで警官とぶつかることに慣れた僕でも、いや慣れているから絶対に警官にしないことがある。警官のからだに触れることだ。それは逮捕の口実にされるからだ。ところが見守り弁護団のかたは警官の肩をつかんでまで抗議をする。見ていてこちらがひやひやしてしまうくらいだった。

給水クルー、医療班、見守り弁護団、これらのひとびとは抗議の声をあげるひとびとを守るためにそこにいた。そして、そうした役割をかってでたこれらのひとたちだけでなく抗議に参加したひとびともまた、これらのひとびとと寸分違わぬ機敏さで近くで何かトラブルがあればためらうことなく行動した。車椅子のかたがいればその通行を助けたし、道を空けるよう大声をあげることもためらわなかった。そんな場面を何度も見た。残念ながらそうした光景は僕らが日常を暮らす街の中ではそう当たり前のように見ることができるものではない。デモの中ではデモの外より間違いなく「よりよい社会」が実現していた。しかし、これは最初からこうだったわけではない。

２０１２年の金曜官邸前抗議ではまるでそれが目的で来ているかのように警官と見れば食ってかかるような参加者も多かった。彼らは参加者を誘導する反原連のスタッフにまで「お前は警察の味方か！」というような罵声を浴びせたりもした。そのようなことをする者は２０１５年の国会前では随分減ったのではないか。

僕はデモの中が現実社会より自由であるべきだとは思わない。しかし、こんなふうにしてデモの現場で育った「よりよき社会」は僕たちの大きな財産だと思う。僕たちは間違いなく強くなっている。

「よりよき社会」の種はまず平和を愛する者たちの柔らかい土壌の中で芽生え育った。次はコンクリートのように固まった社会のひび割れからもたくましく、芽を出し育つはずだ。

2015.11.22 | **東京大行進**（東京・新宿） *March on Tokyo, Shinjuku, Tokyo*

YOUTH
AGAINST FASCISM

NO PASARAN!
SOUL FLOWER UNION

2015.11.22 | 東京大行進（東京・新宿） *March on Tokyo, Shinjuku, Tokyo*

２００９年、初めて一眼レフのカメラを買い、路上の人を撮影しはじめた。
どうすれば、知らない人達をちゃんと撮影できるかを考えた。毎日仕事が終わると街に出ては、気になった人に声をかけ、写真を撮らせてもらった。
人をしっかりと撮れるカメラマンになるため、先輩たちに教えを乞い、路上で色んな事を学んだ。
真正面から被写体に向きあって撮る事が好きだったし、良いカメラマンってのは、そういうものだと思った。
そして、カメラは良い出会いも作ってくれた。

俳優の小林すすむさん夫妻に出会ったのは写真仲間とカフェにいた時だった。
芸能人だとは知らず、雰囲気の良い夫婦だったので写真を撮らせてもらった。その時の写真や撮影の時に過ごした時間をすごく気にいってくれて、後日、写真の仕事をくれた。
それは俺にとって初めての写真の仕事だった。

２０１０年5月からは、友達の桑原誠司さんが急性リンパ性白血病で入院してから亡くなるまでの約半年間を撮影させてもらった。
医者に撮影許可をもらい、週に数回病院に通い、抗がん剤の影響で髪の毛が抜けていく様子を病院のシャワー室で撮ったり、一緒に病院を抜け出し、近所の公園でタバコを吸ったりしていた。

10月、骨髄移植のためのドナーが現れるのを待つ余裕がなくなり、臍帯血移植を行うしかないとの事で、神奈川の病院から東京・虎ノ門の病院に転院になった。
虎ノ門の病院には彼の友達が、よくお見舞いに来ていた。彼は、いつもバカな事ばかり言い、皆に笑顔を振りまいていた。
俺とタバコを吸いに外に行った時には、病院の愚痴や恋人との事、死ぬ事への不安や、最大でも5年位しか生きられないだろう事、どうやって今迎えている人生の晩年を過ごして生きていくかを話したりもした。
同じ病気で入院している同室の患者は、友人や同僚はおろか、家族とも会いたがらない人が多かった。
向かいのベッドの人が「家族に治ったら旅行に行こうねと言われるのが辛い、治るわけないのに」と、何度も夜中にひとりベッドで泣きながら呟くそうだ。
そんな声を聞きながらも、いつも生きるって事を彼は考えていた。
しばらくはそんな入院生活が続くと思っていたが、彼の症状は良い方向には向いていかなかった。血液の状態が悪く、たった1パーセントの可能性に賭けて、臍帯血移植を決断した。
臍帯血移植の日、病院に呼ばれたのは俺1人だけで、恋人は来ないの？　と聞くと「本当は誰にも会いたくなかった。これで死ぬかもしれないのに笑顔でなんかいられないじゃん」「でも、ろでぃーにだけは撮って欲しかった」「キャパみたいに有名な写真家になれよ」とポツリポツリと言って不安そうな顔でベッドに横になった。
臍帯血の注射を何本か打ち、眠るというので、「また明日来るよ。おやすみ」と言ったのが彼との最後の会話になった。
臍帯血の注射の後、一度だけ意識を取り戻したらしいが、その時、俺は病院に居なかった。
集中治療室にいる彼の身体に付いた心電図などの各種センサーが、彼の命が徐々に消えていくのを知らせ、彼の母親が最後の挨拶に来た。年老いた母親が別れを告げ病室を出ると強心剤などの投薬を止めてもらった。彼の恋人がすでに冷たくなり浮腫んだ手を握りしめている。
彼女の眼に涙が溜まり、それが頬を伝い、マスクを濡らす。80ミリのレンズを付けたハッセルブラッドでピントの合う最短距離まで寄って、フィルムが無くなるまでバシャッ、バシャッとシャッターを切った。
家に帰り、現像したフィルムを見た時に、俺は報道写真を本気でやらなくてはいけないと思ったのを覚えている。
後で彼の恋人から渡された彼の手帳には、愛する彼女への想いと共に、「自分をどこかに閉じ込めたい。大好きな人の絵の中、好きな友人の写真の中、心とかじゃなくて生きた証がほしい。思い出を作って下さい」と書いてあった。
彼が亡くなった事で、俺が抜け殻みたいになったんじゃないだろうかと何人かの写真仲間が心配してくれたが、喪失感みたいなものはなく、いつものように街へと出ていた。

そんな2011年、アラブの春が渋谷の街に訪れ、あの震災は暗室の中で迎えた。
2012年。また別れの時が来た。
初めて写真の仕事をくれた小林すすむさんがスキルス性胃がんで入院した。
妻のあきこさんから電話をもらい撮影させてくれと頼み、4×5インチの大判カメラを持って病室に入った。
2人とも別れの時間がすぐそこにある事を理解していたようだった。すすむさんは、「ろでぃーは特別なカメラマンだから早く有名になれ」と自分の事より俺の心配をしてくれた。
ベッドの脇に三脚を立て、いつものようにしゃべりながら大判ならではの所作をしてファインダーを覗くとすすむさんは俳優の顔になっていた。
ファインダーから眼を離し、無理しながらこっちに笑顔を向けるあきこさんと俳優小林すすむさんを見ながらポラを一枚だけひいた。

生きるって事、死ぬっていう事を教えてくれたふたりと、そのふたりを愛した人たちが切らせてくれたシャッター。
この写真集にはその時の写真たちはのっていないが、たぶん同じ物が写っていると思っている。

島崎ろでぃー

Contents & Chronicle

2001・9・11　アメリカ同時多発テロ

2001・10・7　米軍など有志連合がアフガニスタンを空爆

2003・3・8　イラク空爆反対デモに4万人（東京・日比谷）

2003・3・20　イラク戦争開戦。２０１１年12月に米軍は完全撤収

2009・4・11　レイシスト団体が埼玉県内の中学生とその家族を排撃するデモを敢行

2010・12・18　チュニジアでジャスミン革命始まる。その後「アラブの春」へ拡大

2011・3・11　東日本大震災

2011・2・23　リビア大使館前デモ弾圧に抗議（東京・代官山）①

2011・4・14　宮城県石巻市鮎川　②

2011・4・14　宮城県気仙沼市　③

2011・5・2　宮城県牡鹿郡　④

2011・7・24　ツイット・ノー・ニュークス・デモ（東京・渋谷）⑥

2011・9　オキュパイ・ウォールストリート（米国・ニューヨーク）

2011・10・26 右から考える脱原発デモ（東京・銀座） 7
2011・11・7 パパママぼくの脱原発ウォークin武蔵野・三鷹 8
2012・1・29 ツイット・ノー・ニュークス・デモ（東京・渋谷） 12
2011・11・26 怒りのドラムデモ（東京・原宿） 15
2012・2・19 脱原発杉並デモ 16
2012・6・29 原発再稼働反対行動、官邸前に20万人
2012・12・4 衆院選告示日・自民党本部前で脱原発アピール（東京・永田町） 17
2012・12・26 第二次安倍政権発足
2013・2・3 パパママぼくの脱原発ウォークin武蔵野・三鷹 18
2013・1・13 国防軍反対！ デモ（東京・渋谷） 23
2013・2・9 「レイシストをしばき隊」が始動
2013・3・31 ヘイトデモに抗する（東京・新大久保） 24
2013・4・21 ヘイトデモに抗する（東京・新大久保） 25
2013・5・20 ヘイトデモに抗する（東京・新大久保） 26
2013・6・16 ヘイトデモに抗する（東京・新大久保） 27

俺にデモさせんな

ECD

1 〝あの日の朝〟へと向かう 10
2 白い闇の中で観客席を降りる 20
3 サウンドカーに飛び乗る 38

2013・6・30　ヘイトデモに抗する（東京・新大久保）　28
2013・9・8　ヘイトデモに抗する（東京・新大久保）　30—37
2013・9・16　全原発停止
2013・9・22　東京大行進（東京・新宿）　41—43
2013・11・4　ヘイトデモに抗する（京都・京都市役所）　44
2013・11・10　ヘイトデモに抗する（東京・足立）　45
2013・10・15　差別反対都庁前アピール　46
2013・11・17　ヘイトデモに抗する（東京・銀座）　47
2013・11・23　ヘイトデモに抗する（東京・高円寺）　48
2013・11・26　特定秘密保護法案反対行動（国会前）　49—51
2013・12・4　特定秘密保護法案公聴会阻止行動（埼玉・大宮）　52
2013・12・6　特定秘密保護法案反対行動（国会前）　54
2013・12・6　特定秘密法成立
2013・12・24　差別反対都庁前アピール　56
2013・10・21　差別反対都庁前アピール　60

島崎ろでぃー（しまざき・ろでぃー）
1973年東京生まれ。写真家。2010年よりフリーの写真家として雑誌やWebなどで活動。『奴らを通すな！』（山口祐二郎著・ころから）のカバー写真を担当。本書は初の写真集。
公式サイト「Rody's Bullets」http://shimazakirody.com/

ECD（いー・しー・でぃー）
1960年東京生まれ。ラッパー。最新作に『Three wise monkeys』（P-VINE）。作家としても『失点イン・ザ・パーク』（太田出版）など著作多数。

2013・11・11 差別反対都庁前アピール 61
2014・3・3 差別反対都庁前アピール 61
2014・2・10 ロシアでのLGBT弾圧抗議（東京・ロシア大使館） 62
2014・3・16 ヘイトデモに抗する（東京・池袋） 64
2014・3・18 ひまわり学生運動（台湾立法院占拠）
2014・3・21 安倍首相のテレビ出演に合わせANTIFA集結（東京・新宿） 66
2014・8・2 ファシズム潰せ！ 怒りのブルドーザーデモ（東京・渋谷） 68
2014・秋 雨傘運動・オキュパイセントラル（香港反政府デモ）
2014・12・7 ヘイトデモに抗する（京都・勧進橋児童公園）／（京都・四条通り） 73
2014・12・10 特定秘密法施行
2014・9・7 ヘイトデモに抗する（東京・銀座） 74
2014・9・23 ヘイトデモに抗する（東京・六本木） 75
2014・9・23 ヘイトデモに抗する（埼玉・大宮） 75
2015・2・8 後藤健二さんと湯川遙菜さん追悼集会（東京・渋谷） 76
2015・2・8 CLUB C.R.A.C.（東京・代官山） 76―78

俺にデモさせんな ECD

4 「声」を取り戻す 57
5 ひとびとがコールする 70
6 レイシストへ叩きつける 79

2014・11・2 東京大行進（東京・新宿）82
2014・6・26 ウガンダでのLGBT弾圧に抗議（東京・ウガンダ大使館）84
2015・4・25 ヘイトデモに抗する（福島・郡山）85
2015・4・26 東京レインボープライド（東京・渋谷）86
2015・5・16-18 新基地建設反対行動（沖縄・辺野古）88
2015・6・17 ソウルクィアパレードへの連帯（東京・新宿）90
2015・6・21 ソウルクィアパレードへの連帯（沖縄・キャンプシュワブ）91
2015・6・20 ゆんたくるーサウンドデモ（沖縄・那覇）92
2015・6・22 新基地建設反対行動（沖縄・辺野古）93
2015・6・23 沖縄全戦没者追悼式。車中の首相に抗議（沖縄・摩文仁）94
2015・6・28 ソウルクィアパレード（韓国・ソウル）99-101
2015・7・5 トルコでのLGBTパレード弾圧に抗議（東京・トルコ大使館）102
2015・7・5 安保関連法案反対行動（国会前）103
2015・7・15 安保関連法案反対行動（国会前）104
2015・8・2 戦争法案に反対する高校生デモ（東京・渋谷）104

2015・8・11 九州電力が川内原発を再稼働
2015・9・6 安保関連法案反対行動（東京・新宿）106
2015・9・13 戦争法案に反対する関西大行動（大阪・御堂筋）108
2015・8・23 安保関連法案反対行動（東京・青山）113
2015・8・30 安保関連法案反対行動（国会前）114
2015・9・14 安保関連法案反対行動（国会前）116—119
2015・9・16 安保関連法案反対行動（横浜公聴会）123—125
2015・9・19 安保関連法案反対行動（国会前）126
2015・9・17 安保関連法案反対行動（国会前）128
2015・9・16 安保関連法案反対行動（国会前）129
2015・9・19 安全保障関連法が成立
2015・11・22 東京大行進（東京・新宿）133—135
あとがき 島崎ろでぃー 136

俺にデモさせんな ECD
7 ぶつける相手にぶつける 96
8 「俺たちが！」勝利をイメージする 110
9 路上に身を投げ出す 120
10 守る 130

写真集

ひきがね

抵抗する写真×抵抗する声

2016年4月20日2版発行
定価1600円+税

写真 島崎ろでぃー
文 ECD

パブリッシャー 木瀬貴吉
装丁 安藤順
発行 ころから
〒115-0045
東京都北区赤羽1-19-7-603
TEL 03-5939-7950
FAX 03-5939-7951
MAIL office@korocolor.com
HP http://korocolor.com
ISBN 978-4-907239-18-3 C0036